LETTRE
DE L'ABBÉ RIVE
A SON TRÉS-CHER ET TRÉS-ILLUSTRE AMI
CAMILLE DES-MOULINS,

Sur l'extirpation du Fanatiſme créé par les Deſpotes, depuis que le deſpotiſme s'eſt perché ſur les Thrônes.

A ELEUTHEROPOLIS,

Chez N. Aphobe, ce Jeudi 31 Mars 1791.

COPIE

De la Lettre de l'Abbé Rive, *à* Camille des-Moulins.

Monsieur & très-cher ami, & très-illuſtre patriote,

Je viens de lire votre N°. 68, avec le même plaiſir que les 67 qui le précédent.

Je me ſuis vu cité dans ce N°., comme un des plus ardens défenſeurs de la liberté françoiſe, & comme un homme qui ſacrifie la politique au vrai & à la probité, & c'eſt dans ce même ſacrifice que vous avez découvert vous-même l'origine du nom des *Anti-Politiques* que j'ai créés ici, pour y déraciner tous les mauvais arbres que l'ariſtocratie y a plantés, & qu'elle y ſoutient de toute ſa force.

Pendant vingt-un ans que je ſuis reſté à Paris, le très-petit nombre d'amis intimes que j'y avois formés, m'a toujours reconnu tel que je me montre ici, & que j'y façonne des citoyens qui me ressemblent.

J'y ai travaillé pendant vingt ans en secret à y faire naître les germes précieux de la liberté françoise, dont nous jouirions dans notre empire national, si les corruptions *monarchiennes* & ministérielles y gangrenoient moins les cœurs flottans de certains de nos Représentans.

Vous devez avoir reçu un paquet que je vous ai fait passer par un habitant de Paris, il y a environ un mois, dans lequel vous devez avoir trouvé une brochure intitulée : *L'accomplissement de la Prophétie politique faite en* 1772, *où les vrais Principes de gouvernement dans les corps politiques contre les erreurs & la bassesse de Nomoclastes ou Briseurs des loix, à Nomopolis, chez Aristotechne*, (c'est-à-dire dans la ville des loix, chez un grand Fabricateur,) 1789, in-8°., de 24 pages en tout.

Je vous conseille très-fortement, cher ami & excellent nationaliste, de lire très-attentivement ce petit morceau qui vous fournira certainement un des plus forts Antidotes contre le poison des *Duval Dupreimesnil*, des *Brûle-Raison*, & des Robins de Toulouse & d'Aix, &c. &c.

Je serois très-charmé que vous le réimprimassiez dans un de vos *Numéros*, parce que je n'en ai plus aucun exemplaire, & qu'il me paroit très-utile pour redresser notre Assemblée Nationale.

Le public y verroit l'origine de la souveraineté françoise, & la nature de la sanction royale, qui a tant divisé nos petits philosophes françois.

Si cet ouvrage se réimprimoit dans votre Journal, je vous enverrois ensuite une Lettre du 20 Juin 1789, adressée à *Mirabeau*, votre SAINT d'autrefois, que vous avez canonisé un peu trop vîte, apparemment parce que, dans son projet d'adresse, il s'est avisé de qualifier DIVINE une religion qu'il n'entend pas, & que ses pareils n'entendent pas mieux que lui (*).

Je suis Français, par conséquent je suis homme libre, & je trouve qu'il n'y a plus de politique à garder, quand on a le privilege de l'exercice de la liberté.

Il n'y a sous un pareil privilege, que vérité à produire, & probité à montrer.

D'ailleurs l'ostension de la vérité devient d'autant plus courageuse dans un homme, que sa tête contient une plus grande provision d'études.

Le courage est en raison directe de l'abondance, de la richesse, & de la longue réflexion des idées.

Si cette lettre vous est envoyée, vous y verrez combien il en a coûté à la Nation, & il lui en coûtera pour se constituer telle qu'elle doit être,

(*) S'il l'entend, ce n'est qu'en franc courtisan, & en très-zelé Diplomatiste. Qu'on ne se persuade pas aussi que les *Freret*, les *Diderot*, les *d'Alembert*, les *Jean-Jacques*, les *Voltaire*, les *Bailli*, & l'auteur anonyme du *Systême de la nature*, &c. &c. &c. l'entendissent ou l'entendent mieux que lui. Ils avoient, & ils ont le mot RELIGION sur leurs levres; mais sans avoir sçû & sans sçavoir en quoi la véritable religion consiste: ainsi les uns se sont crus grands Philosophes en disant qu'il n'y a aucun être au-delà de la nature, ou en détruisant la liberté naturelle; ou en prétendant que l'athéisme ne nuit pas à la morale, ou en se contredisant sur une révélation qu'ils ont tantôt niée, tantôt admise, ou en faisant des facéties qui n'étoient pas toujours éclairées, sur des livres dont la sagesse de Dieu démontre l'impossibilité, ou en proférant d'une maniere hypocrite & seulement politique le mot sacré RELIGION, dont ils n'avoient & n'ont aucune idée.

combien j'ai voulu lui être utile, & combien peu j'ai réussi, en voulant me placer sur des lévres qui ne se remuent que d'après des idées, que les têtes qui les gouvernent, ne font que glaner, & n'enfantent pas.

J'aurai bien d'autres lettres, après celle-là, à placer dans votre Journal, si vous le trouvez bon, & vous comprendrez par leur lecture, combien mieux j'aurois *fayettisé* celui qui vous fait bondir quelquefois, s'il eût été plus poli, & plus confiant à mon égard.

J'aime bien, très-cher ami, que vous m'accusiez de me tromper sur la *non tolérance* que vous me reprochez au sujet de *Thomas Raynal.* (pag. 110, de votre 68me. n°.)

J'aime bien encore que vous me renvoyiez à son égard, pour la tolérance que vous exigez de ma part envers lui, à notre *Déclaration des droits de l'Homme.*

Si vous eussiez fait imprimer en entier la lettre que je vous ai écrite contre lui, sans l'entrelarder de vos réflexions, aucun Lecteur n'auroit pu y appercevoir la prétendue erreur que vous me reprochez, (*) parce qu'il n'y auroit vu *Tho-*

(*) Le reproche de cette erreur me paroît plus que comique. Est-ce que la *Déclaration des droits de l'Homme*, en rendant aux Français la liberté de penser, peut leur permettre d'attaquer effrontément les fondemens de toute société politique ? Sans le dogme de l'immortalité de l'ame, peut-on, en bon Métaphysicien politique, fonder des sociétés civiles ? Les peut on établir sans la croyance d'un Dieu qui est le pere de l'égalité qui regne entre tous les hommes ?

Peut-on avoir la croyance raisonnable d'un Dieu, en fron-

mas Raynal, que vis-à-vis des êtres devant lesquels je le faisois paroître.

Qui est-ce qui peut me reprocher de l'intolérance, tandis que j'exige de la Nation, à cause de la liberté qu'elle a consacrée chez elle, d'y tolérer la secte des Papistes, jusqu'à l'écroulement, si l'on veut, des PORTES INFERNALES, pourvu qu'on ne lui arrache pas, par la plus sotte imprudence, & par la plus incroyable déraison, quatre-vingt millions de salaire pour elle (*).

---

dant celle de l'immortalité de l'ame ? Qu'on creuse bien ma pensée, & l'on sentira véritablement cette impuissance.

Je ne sçais, cher ami, ce que vous voulez dire par ce mauvais jargon calotin..... *Nobis quoque peccatoribus* : une erreur est une déviation de la vérité, mais est-elle pour cela un crime ? Il faut nécessairement dévier de la justice pour être un pécheur selon votre latinité calotine.

(*) Le peuple de cette ville, ainsi que celui de beaucoup d'autres lieux, me pése très-cruellement ; il est affaminé par la faim la plus affamante, & l'on y fait dévorer les aumônes qu'il faudroit lui donner, par de beaux diseurs d'OREMUS latins, & par des épiciers de Paris, ou des tate-pouls de cette Ville, selon divers plaisans de celle-ci ou d'ailleurs que je n'adopte pas, qui lui coûtent, à ce que l'on dit, 100 liv. par jour en qualité de Commissaires du Pouvoir exécutif, quoiqu'ils conviennent eux-mêmes, dans une lettre qu'ils ont écrite à Paris, que tout est calme ici.

Je le crois bien que tout y est calme ; mais leur fréquentation assidue avec les Aristocrates, & sur-tout avec la mere du *non-fieffé* André, y a-t-elle contribué ?

Ce calme n'y existoit-il pas, avant qu'ils y vinssent, par les bons conseils du Chef que les vénérables Anti-politiques se font un vrai devoir de suivre ; & n'y auroit-il pas été troublé, sans ces mêmes conseils, par une fréquentation si suspecte, & par un espionnage si contraire à la liberté française que le peuple vient d'acquérir ?

Comme *Thomas Raynal*, par les fournitures qu'il a reçues de *Diderot*, s'eſt déclaré lui-même un citoyen INSOCIABLE, en biffant le dogme de l'immortalité de l'ame qui eſt le ſeul lien des ſociétés policées, je n'ai trouvé à redire qu'à l'effet rétroactif que notre Aſſemblée Nationale s'eſt permis à ſon égard, relativement à l'Arrêt dont l'ancien Parlement l'avoit frappé.

Vous vous trompez vous-même, mon très-cher ami, en prétendant que notre *Déclaration des droits de l'Homme*, rompt en ſa faveur les liens de ce décret, & en diſant que nos braves Marſeillois l'avoient nommé à nos Etats-Généraux.

Quand je ne veux pas que ſur la propoſition d'un *Malouet*, qui eſt auſſi téméraire, & auſſi imbécille, qu'on puiſſe le croire en vraies aſſociations politiques, ce *Thomas Raynal*, ce deſtructeur malotru de toute ſociabilité ſemblable, ſoit rétabli par notre Aſſemblée Nationale très-peu réfléchie, dans des droits qui ne lui appartiennent

---

Les Meſſieurs du Pouvoir exécutif peuvent-ils ſe laver du ſoupçon d'eſpionnage, d'après l'anecdote qu'ils ont rapportée eux-mêmes ſur l'*indigeſtion des bayonnettes*, qu'on les a *accuſés*, en badinant, *d'avaler* ?

Dans un empire de liberté faut-il des eſpions, & l'eſpionnage n'y ſeme-t-il pas à pleine main les graines les plus peſtiférées de la ſervitude!

Qu'il y ait des hommes prépoſés pour la ſûreté publique, je le veux, & j'approuve très-fortement cette précaution : mais je ne peux ſouffrir l'eſpionnage, il indique la diverſité des partis, & cette diverſité eſt LIBERTICIDE.

On en a le malheureux exemple dans la Municipalité de Paris, & ſur-tout dans la fatale Ordonnance qu'elle avoit eu la tyrannie & la fiere ſottiſe de publier le mois dernier.

certainement pas, je ne me souleve pas contre la tolérance civile qu'on lui doit par pitié dans l'empire françois ; mais je prétends seulement, très-cher ami, que, quoique nos banqueroutiers pécuniaires soient tolérés dans la Nation, sans pouvoir y devenir, comme tels, citoyens actifs, *Thomas Raynal*, qui est banqueroutier à la raison & à la bonne philosophie, n'y acquiere jamais une activité civile qui ne lui est aucunement due, & que notre Assemblée Nationale n'a ni pu, ni dû lui rendre en rétroagissant contre un Arrêt très-juste, contre lequel elle a mal fait de rétroagir.

Vous sçavez, très-cher ami, qui je suis, & que j'abhorre absolument la politique. La vérité & la justice seules sont les échos sacrés de ma bouche & de mon cœur.

Je ne me soucie aucunement de la fortune & des places. (*).

(*) Si j'y eusse voulu courir, j'aurois pris au mot la Dame du *Barri*, lorsqu'elle m'offrit en 1773 chez l'ex-Duc de la *Valliere*, devant la soi-disant Princesse *Montmorenci*, de devenir son Bibliothécaire. Ma main auroit eu certainement autant d'adresse que celles des deux *Calotins* qui lui approchoient ses pantoufles au sortir de son lit, & autant de force pour empoigner des millions dans le thrésor royal, que celles du Comte *Jean*, son beau-frere. Je n'avois alors que 43 ans; ni l'adresse, ni la force ne m'eussent manqué ; mais la conscience que j'ai toujours eue de ne m'attirer aucun reproche pendant toute ma vie, parce que la divine Providence m'ayant appellé dans la carriere brillante des Lettres profondes & critiques, je serai peint un jour à la postérité, tel que mes ouvrages l'exigeront, j'ai toujours craint de mauvaises épithétes, & j'abandonne tous ceux qui voudront en faire contre moi au poignard vengeur de leur conscience.

J'aime bien que vous me difiez que pour récompenfer d'honnêtes citoyens, fi l'Epifcopat n'eût été inventé, il auroit fallu le créer nous-mêmes (*).

Voilà, très-cher ami, un très-mauvais raifonnement qui vous eft échappé dans un n°., où vous avez dit tant de chofes excellentes pour la liberté nationale.

Faut-il des récompenfes à ceux qui portent dans leur confcience le fentiment du bien qu'ils ont fait? Eft-ce qu'il en faut une autre pour les gens véritablement vertueux?

D'ailleurs quel bien ont fait à la Nation, ceux qui veulent porter de nouvelles croix d'or fur leur poitrine? Ont-ils ou mes lumieres, ou ma franchife, & font-ils vraiment portés au bien national?

S'ils y étoient véritablement portés, ils auroient tous penfé comme moi, ainfi que je l'enfeigne à votre *Camus*, depuis la page 322, jufques à la 378 de ma *Lettre vraiment philofophique à l'Evêque de Clermont*, à laquelle je les invite tous de répondre, s'ils en ont le courage & la force.

Ce ne font ni les places, ni les ftatues qui doivent récompenfer le vrai mérite. Sa vraie récompenfe ne confifte que dans la confcience des faits

---

(*) Votre invention, cher ami, de l'Epifcopat ne vaut pas mieux que celle de l'invention de Dieu par *Voltaire*. Comme on n'inventeroit jamais Dieu, s'il n'exiftoit pas, on n'inventeroit jamais l'Epifcopat, s'il l'eût créé lui-même. Il ne l'a pas créé; l'Epifcopat n'eft donc qu'une dignité factice créée par les defpotes, & par les faifeurs de romans politiques.

excellens & utiles pour la patrie. C'eſt ce que nous apprend *Macrobe*, dans le 4me. ch. du 1er. liv. de ſon *Songe de Scipion*..... Sont-ce bien, nous y dit cet Auteur, des ſtatues de plomb, (ou de bronze, ou de marbre,) ou des monumens triomphaux dont les branches de laurier ſont arides, qui forment la récompenſe des hauts faits ? N'eſt-ce pas au contraire la généreuſe conſcience qu'on en porte ſoi-même?..... *Sapientibus conſcientia ipſa factorum ampliſſimum virtutis eſt præmium...... Illa divina virtus non ſtatuas plumbo inhærentes, nec triumphos areſcentibus laureis, ſed ſtabiliora quædam & validiora præmiorum genera deſiderat.*

C'eſt ce qu'*Ammian Marcellin* nous avoit déja appris avant cet Auteur, dans le 6me. chap. du 14me. livre de ſon Hiſtoire...... *Quidam æternitati ſe commendari poſſe per ſtatuas exiſtimantes, eas ardenter ad fectant, quaſi plus præmii ex figmentis æreis ſenſu carentibus adepturi, quàm ex conſcientiâ honeſtè rectèque factorum.*

Je ſuis très-perſuadé, très-cher ami, que les textes que je rapporte ici, tombant ſous les yeux de votre ancien brave *Mirabeau*, & le concentrant parfaitement en lui-même, ne lui permettront plus d'écrire des lettres entortillées à ſes anciens amis les Marſeillois, qui lui demandoient des ectypes d'après leſquels ils fabriqueroient un buſte ou une ſtatue en ſon honneur.

Connoiſſant une fois mes principes, n'accuſez pas, très-cher ami, de prématurées, (voyez votre n°. 68, derniere ligne de la page 105,) les raiſons qui m'ont fait anéantir les VIOLETS dans preſque tous mes ouvrages.

Je me ſuis cohibé pendant 30 ans, parce que je craignois les doubles murs de la Baſtille; mais dès que j'ai senti les premieres étincelles de la liberté, m'appeller à la destruction du fanatisme, & au brisement des filets sous lesquels il retient ma malheureuse patrie, & ma très-glorieuse nation, je me suis armé des foudres d'une raison impérieuse, pour engager ceux qui voudroient me suivre, à les lancer avec la même force que moi, sur le monstre qui nous dévore depuis tant de mille siecles.

Pourquoi feindriez-vous d'oublier ce que je vous ai déja observé un peu plus haut, & ce que je veux bien vous répéter encore ici, que tous les hommes qui n'ont pas amassé tant de réflexions que moi, par des études des plus solides, depuis près de 40 années, pendant quinze heures par jour, quoique je n'ai pas encore complетté ma soixante-unieme, & qui n'ont pas vécu pendant la moitié de leur vie dans la société de ceux qu'on appelloit autrefois *grands seigneurs*, n'ont & ne peuvent avoir le même courage.

Puisque je vous parois *prodigieusement docte*, & que vous donnez aux trop crédules habitans d'Issoudun & de Château-Roux, mes écrits comme une *lunette d'approche qui leur fera entrevoir la France dans l'avenir*, (voyez la page 103 de votre même n°.,) pourquoi voulez-vous retarder les motions que je fais dans notre empire françois, contre un sacerdotisme qui ne se soutient que par l'imposture, ou par l'idiotisme?

Que vous ne regrettiez pas vous-même les quatre-vingt millions que la foiblesse de certains de nos Législateurs ravit à la Nation, pour un culte que les Tyrans associés aux Prêtres, ont grossiérement établi. (V. les pages 147 & 148 de ma *Lettre vraiment philosophique à l'Evêque de Clermont*,

& les pag. 72 & 73 de ma *Ligue Monachale*, &c.) Qu'importe?

Croyez-vous que votre opinion soit meilleure? Il faut, très-cher ami, penser bien autrement, & puisque nous sommes libres, on ne doit jamais traiter comme *prématurées*, des opinions qui, ne choquant point la raison & ne contrariant point le bien national, peuvent ne se reproduire que dans un très long intervalle de siecles (*).

(*) Est-ce que je ne prévois pas combien cette reproduction sera tardive par l'INERRANCE que se donne notre auguste Assemblée Nationale? Voyez ce *Cérutti* qui a fabriqué au Tragédien *Larive* le discours merveilleusement erroné, que vous avez imprimé à la pag. 159, &c. de votre 56me. N°.

Cet ex-Jésuite versatile, comme tous les lurons de sa Société, n'y dit-il pas sur votre page 83 ces mots terribles...... *Gardons-nous de livrer le Code nouveau* (de la Législation présente) *aux factions & aux tempêtes d'une nouvelle Législature.*

Voilà certes un crime de leze-Nation, d'attribuer aux Législations futures des factions, & des tempêtes, lorsqu'elles voudront s'élever à la loi du MIEUX dont je parle moi-même sur la page 127 de ma *Lettre vraiment philosophique à l'Evêque de Clermont.*

Cet ex-Jésuite n'a-t-il pas été inspiré par quelque membre de notre Législature présente?

Entendons aussi déraisonner sur la prétention de cette INERRANCE le juste *Barnave*, que j'estime infiniment, dans la lettre que vous en avez imprimée sur la page 132 de votre 68me. N°. N'y dit-il pas aussi, page 134, que la charte de nos loix constitutionnelles *sera fixée invariablement.* N'y répete-t-il pas à la fin de la pag. 156 (pour 136), cette prétendue fixation de nos loix constitutionnelles? N'ose-t-il pas nous dire sur votre page 140, que *les loix de notre pre-*

Je ſais bien que dans votre N°. 66, pag. 20, & dans votre N°. 68, pag. 106, vous paroiſſez ne pas regretter le raviſſement de ces quatre-vingt

---

miere Légiſlature obtiendront la durée des ſiecles ; & ſur votre page 141, *qu'elles ſeront des inſtitutions indeſtructibles* ? & moi qui ſuis auſſi légiſlateur INERRANT, quoique j'exiſte tout ſeul dans ma façon de penſer, & que je me croie très-faillible, j'accuſe de pareils hommes de nous écraſer par un deſpotiſme forcené d'idées abſurdes, & de détruire la liberté civile.

L'homme eſt perfectible juſqu'à ſa mort ; le bien ne lui ſuffit pas, il lui faut néceſſairement le mieux, & comme la matiere eſt diviſible juſqu'à l'infini, ſon eſprit eſt capable de découvrir dans la carriere du bien une infinité de faces de ce même bien, qu'il ne connoiſſoit pas.

Vouloir en établir un ſeul, & le rendre invariable, c'eſt vouloir établir une étonnante fainéantiſe de Gouvernement politique, c'eſt vouloir aſſervir les Légiſlations futures, & nous faire adopter les revêries des *Sieyes*, des *Le Paud de la Reveillere*, & des *Duport*, ſur la non-reſponſabilité de nos Rois, ſur leur puiſſance illimitée ſur nos finances, & ſur la durée perpétuelle de leur délégation. V. les pages 116, 117 & 118 de mes Notes ſur ma *Lettre vraiment philoſophique à l'Evêque de Clermont*.

Croyez-vous, cher ami, que je n'aie pas auſſi prévu qu'on n'emportera point de ſi-tôt en France la race malheureuſe des VIOLETS ?

Je vois bien que le tems ne vous a pas encore permis de bien lire cette même *Lettre*, & que la maniere dont j'y parle, ainſi que vous allez le voir, dans le fragment que je vais vous en citer, n'eſt pas encore tombée ſous vos yeux.

Si elle s'y fût offerte, le mot PRÉMATURÉES ne vous fut jamais échappé contre moi.

» Je ſuis Français, y dis-je à l'*Evêque de Clermont*, pa-
» ges 249 & 250, avant d'être un des heureux ſoldats de

millions à notre pauvre France, parce que vous aimez à voir une ſcandaleuſe croix d'or ſur la ſacrée poitrine de quelques-uns de nos Députés

---

» votre milice ſacerdotale. Je ne ceſſe de rendre les plus » grandes actions de grace à la Providence, pour m'avoir » inſpiré à l'âge de 17 ans le louable deſſein d'y entrer, » parce que depuis lors j'ai fait les plus grands efforts, & » les plus profondes études, pour arracher vos ſymarres » violettes de deſſus vos épaules.

» Peu m'importe de réuſſir à préſent ; l'armée qui me ſuit » & qui eſt celle de la raiſon univerſelle & des connoiſſances » bien prouvées, opérera après moi la victoire dont mes » mânes ſeront témoins, & j'oſe vous prophétiſer que la rai- » ſon, la juſtice, & le Chriſt (qui n'étoit certes qu'un très- » bon patriote) vivront éternellement ; mais que les VIO- » LETS ſeront arrachés de par-tout, comme les bluets des » champs le ſont dans la ſaiſon qui les appelle dans les mains » qui en ſont jalouſes ».

Quoique ma prévifion & la fauſſe INERRANCE que notre auguſte Aſſemblée Nationale s'attribue très-mal-à-propos, reculent dans une poſtérité peut-être trop éloignée, l'accompliſſement de mes deſirs & le retour des bons François à la véritable philoſophie, telle que celle que je deſire depuis la page 327 = 336 de ma *Lettre vraiment Philoſophique à l'Evêque de Clermont*, je ne dois aucunement ceſſer, dans tous les ouvrages qui pourront ſortir de ma plume, d'employer vis-à-vis des généreux & des ardents patriotes français les parénéſes les plus vives & les plus perſuaſives pour les inviter à ce retour.

Le vrai Philoſophe doit ſe rappeller ſans ceſſe la maxime dont *Ammian Marcellin* nous fait part d'après le Poëte *Simonide*, (liv. 14, chap. 6 *in medio*) en faveur de la patrie.

Pour vivre heureuſement, nous dit cet Hiſtorien, & avec une raiſon parfaite, il nous convient avant tout de rendre notre bonne patrie exceſſivement glorieuſe...... *Beatæ per-*

nationaux ; je ne penſe pas de même, & je gémis dans le fonds du cœur de votre acquieſcement ſi poltron à la foibleſſe dont je viens de vous parler.

Que

---

fecta ratione victuro, ante alia Patriam eſſe convenit glorioſam..... (V. la pag. 103 de la même *Lettre.*)

Il faut donc ſonner dans tous les papiers publics le tocſin contre une erreur auſſi invétérée.

Pourquoi des écrivains philoſophes auroient-ils moins de zele pour la vérité que ces bonnes Pecores de Strasbourg & de Wiſſembourg, qui, ainſi que notre *Mercure Univerſel* nous l'apprend dans ſon Numero 16, accoururent au nombre de deux outrois cents dans l'Egliſe, après quelques heures de chapelets, & y ſonnerent toutes les cloches, ſelon divers Eccléſiaſtiques incendiaires qui leur avoient donné ce moyen comme certain pour amaſſer les hommes des villages voiſins ? (Tom. 1, N°. 16, pag. 240, col. 1.)

Les Français ne ſe jetteront entre les bras de la véritable philoſophie, que lorſqu'ils auront totalement déſappris le train de vie, les fauſſes coutumes & les dogmes hiſpides & erronnés qu'une infernale politique inventée par les eſclaves des tyrans que tout l'or de la terre ne peut raſſaſier, leur a ſuggérés.

Eſt-ce que l'organiſation de tous les individus eſt la même? Si cela n'eſt pas, pourquoi un homme libre doit-il attendre, dans ſa façon de penſer, le retour des eſclaves auxquels il parle, à la liberté ?

Avez-vous reçu, très-cher ami, ma *Chaſſe aux Bibliographes & aux Antiquaires mal adviſés* ? Si ce livre dont bien de longs ſiecles ne reproduiront pas, ſelon un très-ſçavant homme du métier, (*Senebier*, Bibliothécaire de Geneve) la vaſte érudition & la profonde critique, eſt parvenu entre vos mains, prenez en le premier tome, & cherchez-en les pages 388 & 389 ſur leſquelles vous lirez cet autre fragment qui vous ſervira à rétracter le mot *pré-*

maturées

Que les abuſives croix d'or aſſiegent des poitrines autrefois ROTURIERES, enquittant les jadis FIEFFÉES, pouvons-nous nous flatter d'avoir pour cela

---

maturées dont vous vous êtes ſervi un peu trop vîte contre moi.

C'eſt ſous le nom d'un de mes écoliers que j'ai publié ce livre, pour écraſer ſous un plus lourd marteau les plats & préſomptueux ignorans que j'avois à combattre.

Ce même fragment, je vais vous le copier ici.

» Si ceux qui ont travaillé avant moi ſur les mêmes ma-
» tieres, que la providence fait tomber ſous ma plume, au
» grand riſque de l'épuiſement de mon *Maître* qui s'eſt
» condamné généreuſement à perir pour le bien des *Lettres*,
» ſe fuſſent plus appliqués à bien ſaiſir les faits qu'ils
» nous ont tranſmis, ou euſſent recherché plus ſoigneuſe-
» ment ceux qu'ils étoient obligés de nous tranſmettre, il
» y a déja très-long-temps que la tâche à laquelle je me
» ſuis livré vis-à-vis de vous, ſeroit remplie, & que je
» jouirois du doux plaiſir de toucher à la fin de cette 3me.
» épitre.

» Mais de quel courage ne ſe ſent-on pas animé lorſ-
» qu'il eſt queſtion du bien public? Le zele de mon Maître
» eſt inépuiſable, & la derniere goutte de ſon ſang ſe
» deſſéchera plutôt que de ceſſer ſes travaux pour le bien de
» ſes ſemblables.

» Tous les individus n'ont pas reçu la même organi-
» ſation, pour arriver dans les lettres au même genre d'u-
» tilité; ainſi il faut néceſſairement que ceux qui en tien-
» nent des mains de la nature une propre aux travaux les
» plus difficiles, ne perdent aucun inſtant pour ſécouer le
» flambeau des idées, qu'elle a mis précairement dans leurs
» mains, afin de répandre, parmi les hommes de tous les
» ſiecles les traits de lumiere, dont ſa bonté maternelle
» veut les enrichir.

» Ces hommes privilégiés ne doivent s'attendre à aucun
» *Mécéne*. Remplir leur deſtinée, ce doit être leur plus

un culte divin, comme vous le dit jadis votre SAINT *Mirabeau*, dans son *Projet d'adresse aux François*? (pag. 2, 6, 8, &c. de l'édit. orig. de Paris.)

» noble récompense. Si les traverses se mêlent à leurs tra-
» vaux, ce qui ne manque jamais de la part de ceux qui se
» croyent propres à les diriger, ce sont des fleurs qui
» viennent embellir les raiz de la couronne que la nature,
» dont ils sont les organes, leur prépare dans la postérité.

» Il n'y a que trop souvent des ambitieux qui alam-
» biquant leurs têtes à combiner des idées politiques, se
» persuadent d'être en état des plus grands travaux, & d'a-
» voir par des bribes d'idées plagiaires des données suffisantes
» pour atteindre le sommet des ouvrages les plus difficiles.
» Ces hommes sont de ceux que la nature a privilégiés,
» de vrais martyrs, & les arrêtent à tous pas dans leur
» carriere. C'est ainsi qu'ils éteignent dans leurs mains le
» flambeau que la nature y a mis, & qu'ils privent les
» Royaumes & les Provinces des grandes gerbes de lumiere,
» qu'ils avoient droit d'en attendre. Mais ces hommes bornés
» trouvent sous leurs yeux un nuage épais qui les dé-
» tourne de la perspective lointaine de la postérité.

» Qu'ils sçachent qu'elle les saisit tous les jours par la
» main, & qu'ils viendront à ses pieds rendre un compte
» *qui ne sera pas bien glorieux*, des préjudices qu'ils lui
» portent.

» Qu'ils sçachent que les mortels qui ne veulent exister
» que despotiquement dans le tems présent, ne peuvent
» être heureux qu'en devenant MACHINES, & qu'en s'ar-
» rachant à l'idée du jugement inexorable qui les attend
» dans les siecles! Qu'ils mangent, qu'ils boivent, &
» qu'en conséquence ils se croyent exister, en faisant de si
» nobles fonctions, & en éborgnant leurs contemporains,
» dont la nature avoit reservé l'instruction, à leur direc-
» tion, je le veux, puisqu'ils le veulent eux-mêmes; mais
» qu'ils n'oublient jamais que leur procès leur est fait d'a-

Non certes, & tous ces nouveaux Prélats à croix d'or, quels qu'ils puissent être, ne sont que des orgueilleux & des sots. Leur croix d'or contraste

---

» vance pardevant le tribunal incorruptible de nos derniers
» neveux. »

D'après ce fragment, vous voyez, très-cher ami, que j'en veux depuis long-tems aux temporiseurs politiques, & qu'un Auteur qui est embrasé de l'amour du bien, doit nécessairement employer les premiers moments de sa liberté pour régénérer dans l'auguste empire dont il a le bonheur d'être membre, un bien que les erreurs invétérées y tiennent depuis si long-temps enfévéli.

Blâmez-moi tant que vous voudrez, très-cher ami, de faire des motions qui vous paroissent *prématurées*, tandis que votre très-cher *Linguet*, dans un livre dans lequel il entasse le bon droit qu'il pourroit avoir, sous des opinions très-repréhensibles, & très-contraires à la liberté nationale, (v. les pages 146 & 147 du n°. 158 du tom. XVIII de ses Annales Politiques) m'excite à les prématurer encore plus par ses sarcasmes contre notre auguste Assemblée nationale, en faveur de nos ancien despotes de la France, de tous nos Calotins VIOLETS & NOIRS, de nos Aristocrates, & de notre pauvre peuple qu'on ne rendra jamais bien libre.

» Voilà qui est grave, M. Barnave, M. l'Inviolable !
» vous pouvez vous jouer des droits de la couronne qui n'a
» que trop mérité son humiliation; mais à laquelle cepen-
» dant pour le bien général, il seroit bien tems de faire
» grace, de ceux du *Clergé* dont la partie *haute* commence
» par sa mal-adresse, par ses fureurs à justifier son abais-
» sement, mais dont vous ne ménagez guere la partie infé-
» rieure si digne de respect & de support, de ceux de la
» *Noblesse* dont je croirai toujours que la dégradation n'é-
» toit ni nécessaire, ni utile, ni même politique, de ceux
» du pauvre Peuple à qui pour le monter vous & vos
» associés, vous avez mis un bât qui pourra bien s'envoler
» avec les écuyers, a la premiere ruade de cet animal sou-

avec celle de bois sur laquelle ils nous disent que leur HOMME-DIEU est mort.

Cette même croix appelle des Palais, comme

» gueux. Mais morbleu ! vous ne vous jouerez pas de l'honneur d'un citoyen irrepréhensible, à qui les iniquités des *défunts* despotes remplacés, plus encore que déplacés par vous autres, leurs soi-disants ennemis, n'ont guere laissé d'autre fortune, que celle-là. V. pag. 146 & 147.

Sans entrer ici, très-cher ami, dans toutes les parties de ce fragment qui sont infiniment repréhensibles, je n'envisage que ces deux-ci, *l'abaissement* du haut Clergé & le *peu de ménagement* qu'on témoigne à l'inférieur qu'on prétend si digne de respect.

Est-il possible, très-cher ami, que de vrais philosophes du 18me. siecle ne veuillent que *l'abaissement* du haut clergé, & des *ménagements* pour celui qui est au-dessous.

Il faut de toute nécessité la destruction de l'un & de l'autre pour grandement honorer la divinité.

Peut-on lui attribuer d'avoir fait servir sa nature divine qui est toute souveraine & infiniment puissante, de subsistance à une pure nature humaine, qui, parce qu'elle est bornée, & infiniment foible, ne peut lui être hypostatiquement unie.

Ces sortes de doctrines n'ont pu obtenir de la confiance que sous le Wisigothisme de nos ancêtres, & par la bigarure des divers costumes de ceux qui se sont dits aussi ineptement qu'il se puisse, INSPIRÉS, & prêtres A CHARACTERE INDELEBILE.

J'aime, très-cher ami, le bon mot de la *société des amis de la constitution* de Leon (en Bretagne) qui m'ont excessivement édifié & très-fiérement encouragé en disant que si *le fanatisme est un crime en religion, il est un devoir en liberté, & qu'il ne faut avoir de fanatisme que pour elle.*

Voyez, très-cher ami, s'il ne faut qu'*abaisser* le haut Clergé, puisqu'à présent que l'épiscopat est dégarni d'or pour ces malheureux Druides christianisés, ils ont tous vous l'avez vu dans l'affaire de ceux d'Iſſoudun & de Château-Roux. (V. la pag. 103 de votre 68me N°.)

Eſt-il poſſible d'imaginer que l'Evangile que ces gens-là nous prêchent en ſe décorant d'une impie croix d'or, & en voulant habiter des Palais, ſoit vrai? [V. la pag. 72 de ma *Ligue monachale*, &c.]

On prétend que notre auguſte Aſſemblée Nationale a ramené la diſcipline actuelle de notre Egliſe de France, à celle qui exiſtoit dans les premiers ſiecles. Vous le dites vous-même, [p. 101 de votre 68me. N°,] je vous jure, très-cher ami, que cela eſt faux & très-faux.

Pour vous en convaincre, vous n'avez qu'à lire la pag. 115 de ma *Chronique littéraire*, dont notre Garde des Sceaux actuel, s'il ne MONARCHISE pas, doit vous avoir fait paſſer un exem-

---

abjurés la croix qu'ils arboroient dans leurs mains, & ſe ſont ſcandaleuſement retirés de la tête des troupeaux qu'ils conduiſoient, pour ne vouloir pas obéir aux maîtres des territoires dans leſquels ils avoient été appellés par une ſeule vocation humaine, pour y venir cultiver leurs vignes, comme je l'avois prophetiſé ſur les pages 541 & 542 du 1er. tome de ma *Chaſſe aux* Bibliographes, leſquelles je vous prie très-fortement de relire.

Voyez encore, ſi l'on maltraite la partie inférieure de ce Clergé, puiſqu'on lui donne 12000 liv. de rente, quoi qu'elle ne ſoit chez nous qu'à l'inſtar du prétendu Chriſt qui eſt paſſé pendant toute ſa vie pour n'avoir pas un morceau de pierre ſur lequel il pût repoſer ſa tête, & puiſqu'on lui permet encore de porter ſur ſon indigne poitrine une croix pectorale d'or, dont les *Calotins* qui l'ont précédée ne ſe ſont attifés que dans les ſiecles d'orgueil & de faſte de la ſcandaleuſe & impie ſociété dont ils étoient membres.

plaire vers le milieu de Janvier dernier, & vous y verrez que les Evêques des cinq premiers siecles de l'Eglise n'avoient ni Mitre, ni Crosse, ni Croix pectorale d'or, ni Bague [*].

(*) Ce que vous lirez au bas de cette page est tiré d'un costume épiscopal que j'ai prescrit à l'Abbé *Le Blond* de l'Académie des Belles-Lettres de la ville que vous habitez, & bien plus sçavant sous-Bibliothécaire de la Bibliothéque Mazzarine, que le Décroteur des Muses Angloises à la Françoise, que le despote *Boisgelin* a créé de son chef & sans mon avis pour la Bibliothéque de notre ancienne Province de Provence.

Ainsi vous devez croire, trèr-cher ami, que ce costume a été très - sévérement examiné, & que ce n'est que d'après une critique très-scrupuleuse, que je l'ai fixé tel qu'il étoit alors.

Tous vos Evêques actuels à croix d'or ne sont que des effrontés & de très-mauvais apôtres. C'est envain qu'ils se disent Evêques de la prémiere église. Ils ne le seront jamais avec un ornement aussi fastueusement ridicule.

Je n'ai jamais voulu être Evêque, je l'eusse été, si j'eusse voulu courir autrefois les chaires oratoires, & y briller un peu mieux que les MAURY, par la force terrassante de mes raisons, & non par des mots étonnés de se voir les uns à côté des autres; je le serois encore aujourd'hui par le grand amour patriotique que tout le monde reconnoit en moi, si j'eusse voulu embrasser la profession d'un diseur D'OREMUS, avec des gesticulations cérémonielles.

Mais quoique je n'aye jamais eu une fantaisie aussi enfantine que le VIOLET *Bois-Gelin*, je peux vous assurer, très-cher ami, que ma *désignation scrutinale* fait des Evêques & même des MÉTROPOLITAINS.

J'ai prié ces Evêques que j'ai portés moi-même sur leur *faldistoire* sacré, d'abjurer toute impie croix d'or, & tout palais orgueilleusement *inapostolique*, & je les ai menacés de les dévouer à l'exécration de ma plume qui leur fendra

Ainſi tant que je trouverai de nos prétendus nouveaux Apôtres mitrés, croſſés, & pectoralement croiſés en ſigne d'or, je ne les prendrai jamais pour des Diſciples du Chriſt, & je ne regarderai jamais ce prétendu *Nouveau Teſtament* qu'ils tiennent dans leurs mains, que comme un *Koran* quelconque dont ils ſe ſervent pour faſciner les Idiots, & entretenir le deſpotiſme des Rois & des Miniſtres.

Vous ſuivez-vous vous-même, très-cher ami, & ne vous contredites-vous jamais dans vos Numéros? Je lis ſur la 22me. page de votre 66me, que *les peuples ne ſeront heureux, que lorſqu'il n'y aura plus ni Prêtres, ni Rois.*

Ce mot célébre que vous attribuez à *Thomas Raynal*, & qui certainement n'eſt pas d'un Auteur de cette eſpece, juſtifie-t-il la qualité de *prématurée* que vous donnez à mon opinion ſur le même ſujet ?

Comment traitez-vous le fanatique *Charles*, Evêque d'Ypres? [pag. 8 de votre même 66me. N°.] N'y empruntez-vous pas mon langage? N'y de-

---

encore mieux la tête que leur mitre, que l'Abbé *Nadal* de l'Académie des Inſcriptions reproche aux Evêques du 7me. ſiecle d'avoir priſe ſur la tête des courtiſannes de Rome. (V. la pag. 20 du ſecond tome du *Recueil des Peintures Antiques trouvées à Rome*, &c., de l'impr. de *Didot* l'aîné, M. DCC. LXXXIII, où ſe trouve mon *explication des ſix Peintures de la Pyramide de C. Ceſtius*, in-fol.)

Je ne vous parle pas ici des 12000 liv. que nos infaillibles repréſentants ont deſtiné aux fils de nos payſans, qui peuvent aujourd'hui empoigner la croſſe, & je vous fais ſeulement admirer l'*inerrance* de la loi qui leur fait un don ſi peu canonique, & ſi peu raiſonnable relativement à leur étroite fortune.

mandez-vous pas à ce misérable VIOLET d'où il vient, & qui il est? Croyez-vous en cet endroit que Dieu lui ait parlé [*], ainsi qu'à tous ceux qui l'ont précédé? Ne le persiflez-vous pas bien cruellement, & ne le traitez-vous pas de *menteur effronté* sur la même page, & sur les suivantes?

Vous me reprochez, très-cher ami, de la colere contre le matérialisme de l'Abbé Raynal [**], & une bile patriotique contre les 80 millions décrétés pour les frais de notre plaisant & très-plaisant culte; [voy. la pag. 106 de votre 68me.

(*) Est-ce que Dieu parle aux hommes leur langage, & se sert-il de leur écriture ou Hébraïque, ou Chaldaïque pour leur dicter des livres?

Les langues & les écritures humaines ne sont-elles pas des inventions des hommes, & est-ce bien honorer la sagesse divine, que de lui prêter l'usage de pareilles inventions qui sont bornées par elles-mêmes, & par conséquent très-équivoques & très-faillibles?

Un Dieu infiniment sage s'assujettira-t-il jamais à converser avec le *Rabin Moyse* en hebreu ou en chaldéen, pour lui apprendre que le diable sous la figure d'un serpent parlera à la premiere femme, & qu'elle sera coupable, si elle croit à un pareil miracle, & que la bonne femme d'Abraham, la bien crédule *Sara* accouchera d'un petit mignon appellé *Isaac*, quand depuis environ 25 ans elle aura passé sa mer rouge, & qu'elle aura atteint l'âge de 70 ans.

(**) Je suis charmé, très-cher ami, que vous épargniez ici celle que je reproche aussi à l'insigne Matérialisme de notre *Jean-de-Dieu Bois-Gelin*, dans ma note 24, sur *ma Lettre vraiment philosophique à l'Evêque de Clermont*. (p. 37 des Notes.)

Si vous voulez vous amuser & bien amuser sur la maniere *colérique* dont je le pince lui-même & sa *pauvre* Sorbonne dans cette note, vous n'avez qu'à la relire.

N°.]

N°.] mais vous jugez-vous vous-même : Relisez, je vous prie, toute la tirade de votre 66me. N°., contre votre ENDIABLÉ *Charles* d'Ypres, & si ma *Chronique littéraire* vous est arrivée, parcourez-en, je vous prie, les 234 & 235 pages que vous m'y avez occasionnées pour les mêmes reproches que vous m'avez déja faits dans votre 41me. N°., en y rendant compte de ma *Lettre vraiment philosophique à l'évêque de Clermont*, & ressouvenez-vous bien en lisant ces deux pages, que le Psalmiste nous permet de nous fâcher, pourvu que nous ne pêchions pas, que le prétendu Apôtre *Paul* nous donne d'après lui la même permission; & que quand ces deux *anciens seigneurs* ne nous la donneroient pas, *l'homme-Dieu*, pour le culte duquel vous exigez 80 millions, a trouvé à propos de se servir de cette permission contre les coquins de VIOLETS d'alors, qui ne valoient pas mieux que ces infâmes vendeurs qu'il chassa, le fouet à la main, du temple de son *éternel Papa*.

Au reste, si je vous parois si peu civil envers *Thomas Raynal*, quoique vous ne me le reprochiez pas, vous sçaurez que mon cœur n'est porté à aucune civilité envers les petits & idiots Auteurs qui nous colportent sous un habit d'Arlequin, comme ceux que les anciens appelloient CENTONARII, les Merceries littéraires des autres, & vous ne pouvez absolument disconvenir, que quand *Raynal* s'érige en Pédagogue des Rois, & en PROFLIGATEUR de la doctrine & du culte prétendus INSPIRÉS, ne *diderotise* de tout son cœur, & ne se *juche sur les plus hauts talons qu'il ait pu rencontrer*.

Or des hommes pareils qui *messautisoient* jadis dans Paris pour 12 sols, & qui n'y faisoient des volumes que pour y ſervir de cornets de papier aux Epiciers, ne doivent jamais s'ériger en Charlatans dans l'empire des lettres, & s'y attribuer des productions qu'ils ne peuvent enfanter.

Tout ce que l'on peut accorder dans cette *Hiſtoire philoſophique* à ce pauvre *Raynal*, c'eſt une infinité de ſolœciſmes littéraires, qu'on lui a adminiſtrés [*], & qu'il n'a pas ſçu connoître. Ce ſont encore diverſes périodes à vingt-huit membres que ſa large poitrine lui fourniſſoit autrefois chez les Loyoliſtes dont le prétendu *charactere indélébile* s'eſt ſi fortement conglutiné avec ſon ame, qu'il ne lui coûte pas de rétracter *ſincérement*, comme il le dit lui-même dans la lettre qu'il écrivit au préſident de l'Aſſemblée Nationale, *tout ce qui pouvoit lui être échappé de repréhenſible.*

Une pareille rétractation que *Malouet* ſon inſigne ami ne lui propoſa pas devant notre Aſſemblée Nationale, & qu'il n'a cherchée lui-même que dans ſon hypocriſie politique, eſt tout-à-fait admirable ſoit par ſa gratuité, ſoit par la maniere *inaccurate* dont elle eſt faite.

Je vous embraſſe, très-cher ami, & par ma force patriotique, je vous exhorte autant que je

---

(*) Les *Diderot*, les d'*Alembert* & une infinité d'autres Déclamateurs de Paris contre la doctrine & le culte des Papiſtes n'ont jamais été que des ignorans, de très-grands ignorans, & de très-pauvres Métaphyſiciens, comme on le verra dans pluſieurs autres ouvrages que j'ai à publier, ſi le grand Etre que j'aime infiniment, quoique certaines préſomptueuſes dévotes d'Aix, en veuillent à ma converſion pour leur *ſacré* Roſaire, & leur *ſaint* & *très-ſaint* Scapulaire, daigne prolonger mes jours, & favoriſer notre République littéraire.

le puis, à ne pas vous engouer plus long-tems de l'assignation des 80 millions, que notre auguste Assemblée Nationale a, par foiblesse, ou peut-être pour favoriser la dévotion despotique des Monarques françois, envers nos Caligula ou nos Dioclétien [*] *Calotins* à pantoufles d'étoffe d'or & de pierreries, décrété dans son saint Sanctuaire, & suis *corde & animo.*

L'ABBÉ RIVE.

(*) On verra dans une des dissertations que je ferai encore imprimer, si le grand Dieu me le permet aussi, qui sont les Empereurs romains qui ont fourni aux Papes ces beaux Dignitaires factices, l'horrible & la scandaleuse fantaisie d'accueillir sur leurs sacrées Pantoufles le *saint* baisement des augustes tantes du Roi, & de tant d'autres baiseurs excellens.

ERRATA.

Pag. 4, 3me alinéa, où, ôtez l'accent.
Pag. 4, 4me. alinéa, Dupremesuil, *lisez* d'Espremenil.
Pag. 6, 4me. alinéa, lat olérance, *lisez* la tolérance.
Pag. 14, 3me. alinéa de la note, de nos Rois, sur leur puissance, effacez la virgule.
Pag. 16, 3me. alinéa de la note, quelques heures de chapelets, *lisez* chapelet.

www.ingramcontent.com/pod-product-compliance
Ingram Content Group UK Ltd.
Pitfield, Milton Keynes, MK11 3LW, UK
UKHW032031260826
14628UKWH00006B/2871

9 782013 755665